Contents Contenidos

What Is the Sun?
Qué es el sol?

The Sun is a star. Stars make light. They are very hot.
El Sol es una estrella. Las estrellas producen luz. Ellas son muy calientes.

The Sun looks bigger than other stars. It looks bigger because other stars are further away.

El Sol se ve más grande que otras estrellas. Se ve más grande porque las otras estrellas están mucho más lejos.

What Is the Solar System?
Qué es el sistema solar?

The Sun is at the center of the solar system.
El Sol está en el centro del sistema solar.

All things that move around the Sun are part of the solar system.
Todo lo que se mueve alrededor del Sol es parte del sistema solar.

What Are Planets?
Qué son los planetas?

A planet is a round object that moves around a star.
Un planeta es un cuerpo redondo que se mueve alrededor de una estrella.

There are eight planets in the solar system.
Hay ocho planetas en el sistema solar.

What Is Mercury?
Qué es Mercurio?

Mercury is the smallest planet. It is also the closest planet to the Sun.

Mercurio es el planeta más pequeño. Es también el planeta más cercano al Sol.

What Is Venus?
Qué es Venus?

Venus is the hottest planet. It has many mountains and volcanoes.
Venus es el planeta más caliente. Tiene muchas montañas y volcanes.

What Is Earth?
Qué es la Tierra?

Earth is the only planet in the solar system known to support life. It has oceans that make the planet look blue.

La Tierra es el único planeta conocido en el sistema solar que alberga vida. Tiene océanos que hacen ver al planeta de color azul.

What Is Mars?
Qué es Marte?

Mars is a red planet. Just like Earth, Mars has changing seasons.

Marte es un planeta rojo. Tal como la Tierra, Marte tiene estaciones que cambian.

What Is Jupiter?
Qué es Júpiter?

Jupiter is the largest planet. It has about 80 moons.

Júpiter es el planeta más grande. Tiene aproximadamente 80 lunas.

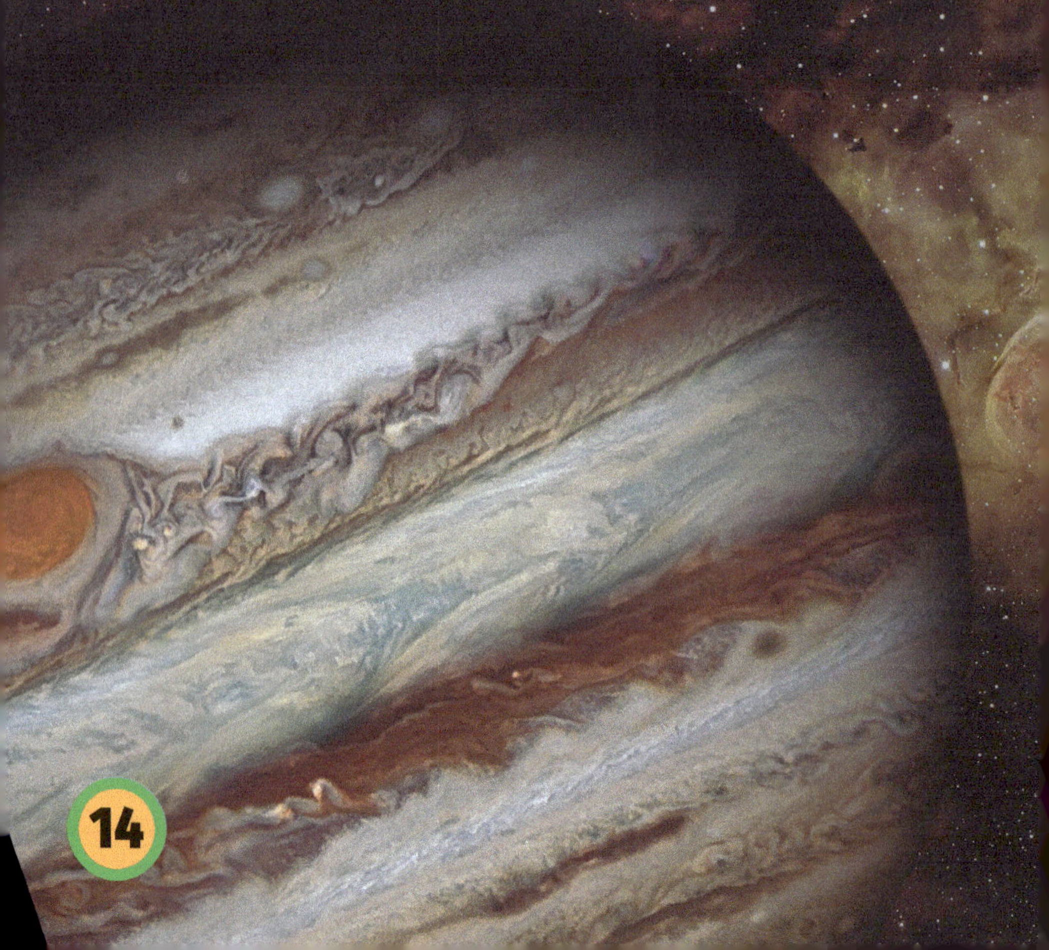

What Is Saturn?
Qué es Saturno?

Saturn has about seven main groups of rings. These rings are made out of ice and rock.

Saturno tiene cerca de siete grupos principales de anillos. Estos anillos están hechos de hielo y roca.

What Is Uranus?
Qué es Urano?

Uranus is the coldest planet. It is called an ice giant because it is mostly made up of ice.
Urano es el planeta más frío. Es llamado un gigante helado porque está compuesto mayormente de hielo.

What Is Neptune?
Qué es Neptuno?

Neptune is the furthest planet from the Sun.
Neptuno es el planeta más alejado del sol.

The winds on Neptune are some of the strongest in the solar system.
Los vientos en Neptuno son uno de los más fuertes en el sistema solar.

What are Dwarf Planets?
Qué son los planetas enanos?

Dwarf planets are round objects that circle the Sun. They share their space with other objects. The solar system has five known dwarf planets.

Los planetas enanos son cuerpos redondos que dan vueltas alrededor del Sol. Ellos comparten su espacio con otros cuerpos. El sistema solar tiene cinco planetas enanos conocidos.

Haumea spins about six times faster than Earth.
Haumea gira cerca de seis veces más rápido que la Tierra.

Ceres is the smallest dwarf planet.
Ceres es el más pequeño de los planetas enanos.

Makemake takes 309 years to travel around the Sun.
Makemake tarda 309 años en moverse alrededor del Sol.

Eris is the farthest planet from the Sun.
Eris es el planeta más alejado del Sol.

Pluto is the largest dwarf planet.
Pluto es el más grande de los planetas enanos.

What Is the Moon?

Qué es la Luna?

The Moon travels around Earth. The Moon is about four times smaller than Earth.

La luna viaja alrededor de la Tierra. La Luna es aproximadamente cuatro veces más pequeña que la Tierra.

A spacecraft is needed to get to the Moon. Spacecraft carry people and tools into space.

Una nave espacial es necesaria para llegar a la Luna. Las naves espaciales transportan personas y herramientas hacia el espacio.

What Is an Astronaut?
Qué es un Astronauta?

An astronaut is a person who travels to space.
Un astronauta es una persona que viaja al espacio.

In 1969, Neil Armstrong became the first person to walk on the Moon.

En 1969, Neil Armstrong se convirtió en la primera persona en caminar sobre la Luna.

Exploring Space
Explorando el Espacio

People sometimes send robots to explore space. Robots can explore areas of space that are difficult for humans to reach.

A veces los humanos envían robots para explorar el espacio. Los robots pueden explorar áreas del espacio que son difíciles de alcanzar para los humanos.

A robot called *Curiosity* has been exploring Mars since 2012. *Curiosity* is looking for signs of life on Mars.

Un robot llamado Curiosity ha estado explorando Marte desde 2012. Curiosity está buscando señales de vida en Marte.

Living on Mars
Viviendo en Marte

People hope to one day build a city on Mars. Living on Mars would allow scientists to better study the solar system.

Los humanos esperan algún día construir una ciudad en Marte. Vivir en Marte permitiría a los científicos poder estudiar de mejor manera el sistema solar.

Large spacecraft are being built by a company called SpaceX. A trip to Mars would take about 6 months in one of these spacecraft.

Grandes naves espaciales están siendo construidas por la compañía llamada SpaceX. Un viaje a Marte tomaría cerca de 6 meses en una de estas naves espaciales.

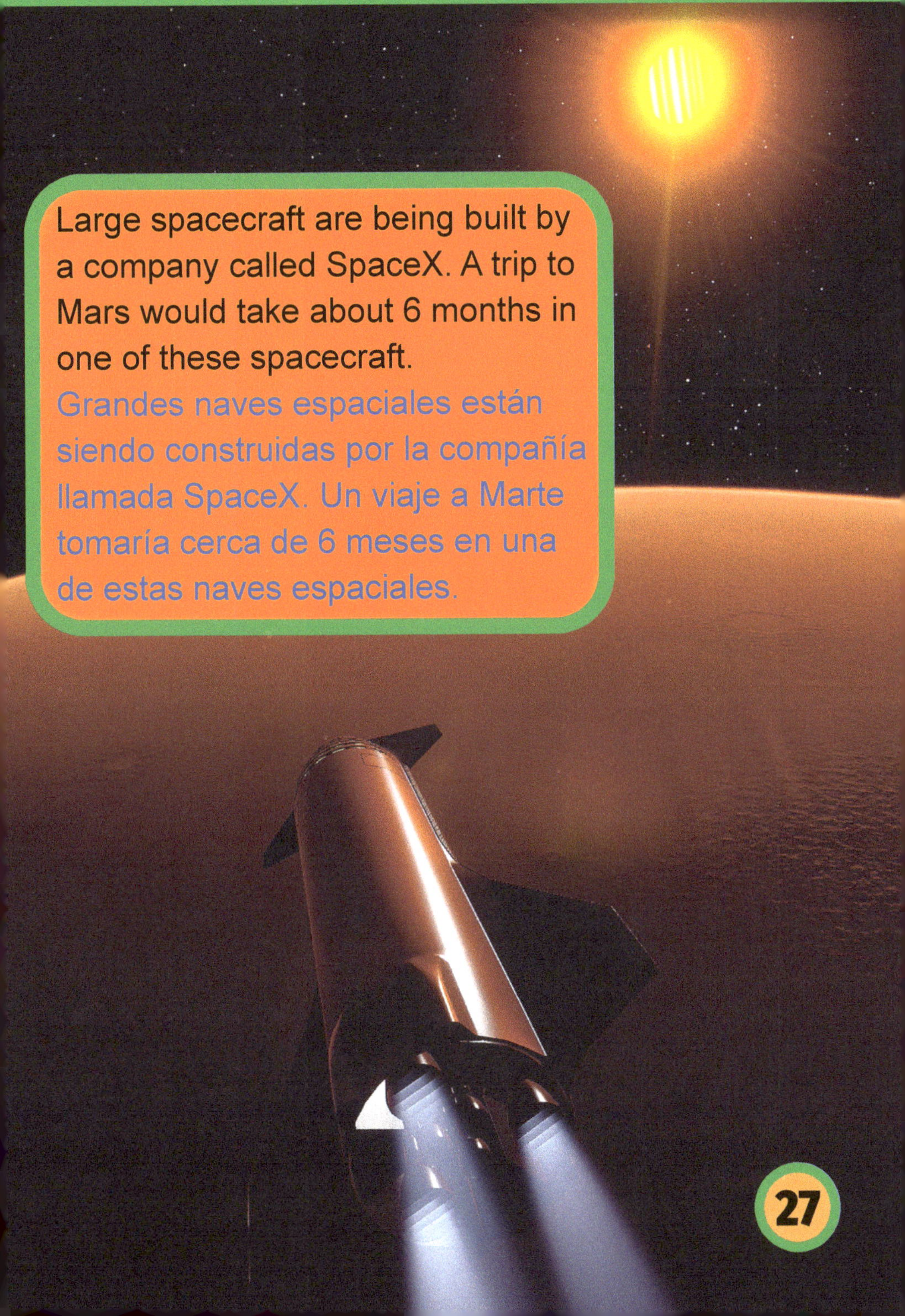

Life Beyond Earth
La vida más allá de la Tierra

Sometimes, animals on Earth become extinct. This means there are no more of them left.

Algunas veces, los animales en la Tierra se extinguen. Esto significa que no queda ni uno de ellos.

Exploring space can help humans find new homes. Bringing animals to these places can help make sure that they do not go extinct.

Explorar el espacio puede ayudar a los humanos a encontrar nuevos hogares. Trayendo animales a estos lugares puede ayudar a asegurar que estos no se extingan.

Quiz
Cuestionario

Test your knowledge of the solar system by answering the following questions. The questions are based on what you have read in this book. The answers are listed on the bottom of the next page.

Pon a prueba tu conocimiento del sistema solar respondiendo las siguientes preguntas. Las preguntas están basadas en lo que leíste en este libro. Las respuestas están listadas al final de la siguiente página.

1 What is at the center of the solar system?
Qué está en el centro del sistema solar?

2 What shape are planets?
De qué forma son los planetas?

3 How many planets are in the solar system?
Cuántos planetas hay en el sistema solar?

4 What is the name of the planet that is closest to the Sun?
Cuál es el nombre del planeta más cercano al Sol?

5 What is the name of the largest planet in the solar system?
Cuál es el nombre del planeta más grande en el sistema solar?

6 How many known dwarf planets are in the solar system?
Cuántos planetas enanos conocidos hay en el sistema solar?

Explore Other Level 1 Bilingual English/Spanish Readers!

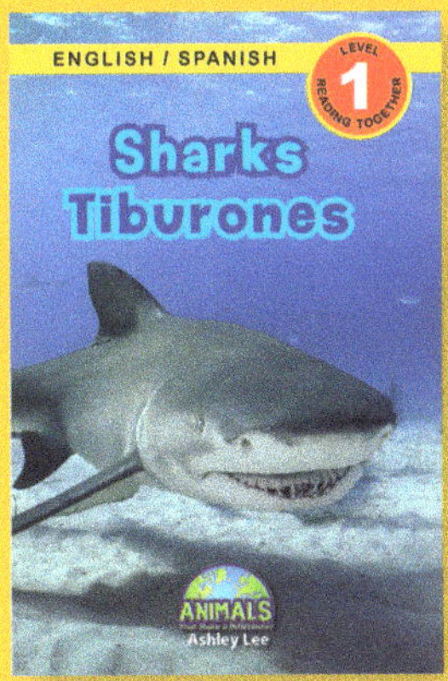

Visit www.engagebooks.com to explore more Engaging Readers.

Answers:
1. The Sun 2. Round 3. Eight 4. Mercury 5. Jupiter 6. Five

Respuestas:
1. El Sol 2. Redondos 3. Ocho 4. Mercurio 5. Júpiter 6. Cinco

CPSIA information can be obtained
at www.ICGtesting.com
Printed in the USA
LVHW071655270223
740498LV00009B/404

9 781774 764442

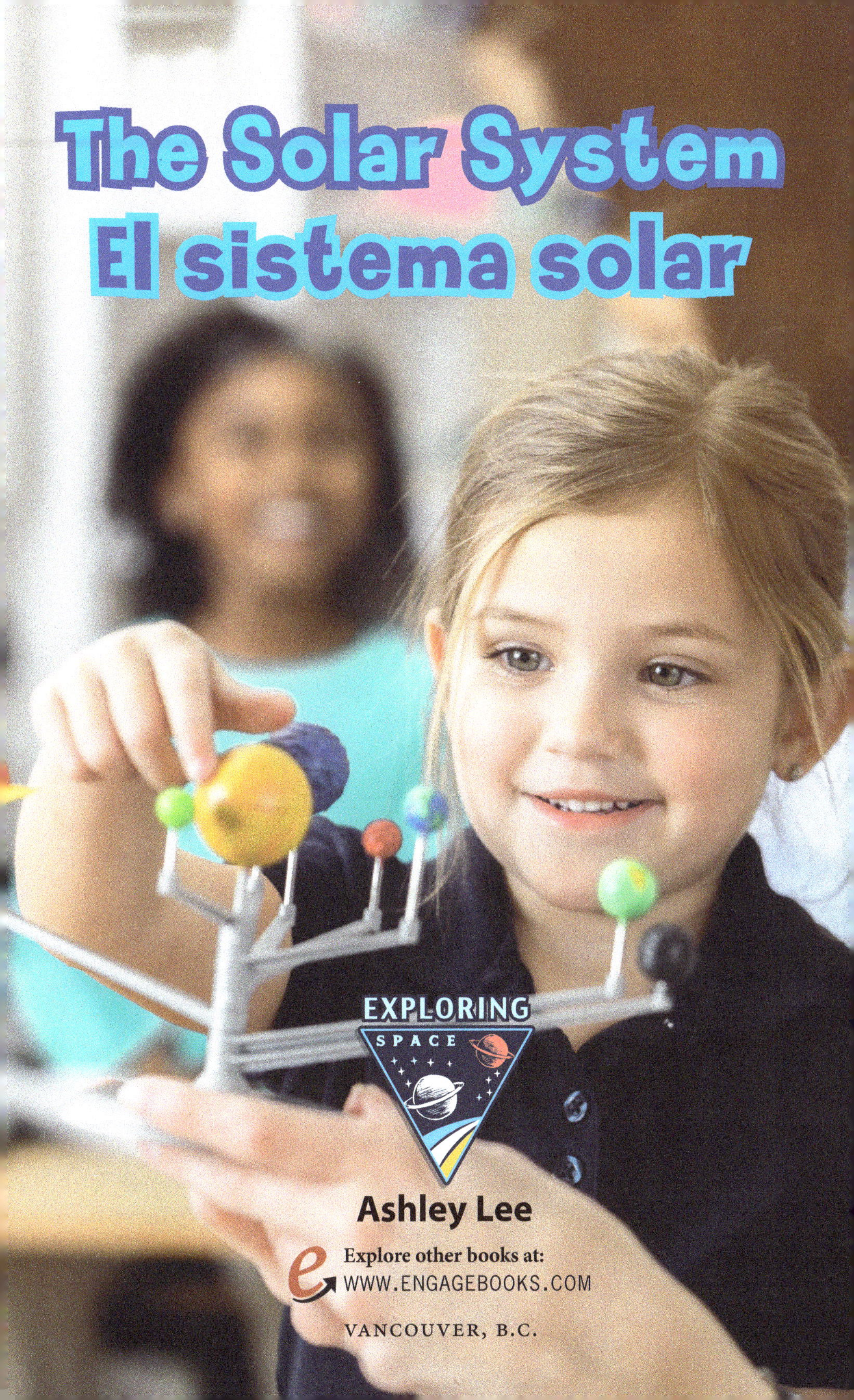

The Solar System
El sistema solar

EXPLORING SPACE

Ashley Lee

Explore other books at:
WWW.ENGAGEBOOKS.COM

VANCOUVER, B.C.

WWW.ENGAGEBOOKS.COM

The Solar System: Level 1 Bilingual (English/Spanish) (Ingles/Español)
Lee, Ashley 1995 –

Edited by: A.R. Roumanis
and Jared Siemens
Translated by: Juan Ortega Aliaga
Proofread by: Andrés Cordero

Text set in Arial Regular.
Chapter headings set in Arial Black.

FIRST EDITION / FIRST PRINTING

LIBRARY AND ARCHIVES CANADA CATALOGUING IN PUBLICATION

Title: The Solar System Level 1 Bilingual (English / Spanish) (Ingles / Español)
Names: Lee, Ashley, author.

ISBN 978-1-77476-445-9 (hardcover)
ISBN 978-1-77476-444-2 (softcover)

Subjects:
LCSH: Solar system—Juvenile literature

Classification: LCC QB501.3 .L44 2020 | DDC J523.2—DC23